WARUM MÄNNER AGIEREN
UND FRAUEN DISKUTIEREN

KAFFEEKLATSCH AUF DEM MARS

Wundertütenpoet

VON

TINA HÜSCH

DIE MÖGLICHKEITEN VON GEGENSÄTZEN UND POESIE

Bibliografische Information der Deutschen Nationalbibliothek: Die
Deutsche Nationalbibliothek verzeichnet diese Publikation in der
Deutschen Nationalbibliografie; detaillierte bibliografische Daten
sind im Internet über dnb.dnb.de abrufbar.

ISBN: 9783759770677

Herstellung und Verlag: BoD – Books on Demand, Norderstedt

ABOUT ME

In mir lebt eine kleine Dichterin, die die Poesie der Natur über alles liebt und sich gern die neusten Frechheiten vom Wald abguckt, um sie mit Hilfe von Buchstaben in Verse zu verwandeln. Denn Poesie ist für mich die Kunst, das Unsichtbare sichtbar zu machen und Emotionen in Sprache zu verwandeln.

Dadurch leben die Gedichte in meinem Herzen und haben die Macht, von dort aus die Welt zu erobern.

Karussell fahren gehört zu meinen liebsten Vergnügungen. Jedes Mal, wenn ich auf einem sitze, fühle ich mich wie in einer endlosen Schleife aus Freude und Freiheit und ich erinnere mich daran, dass das Leben selbst ein wunderschönes, sich ständig drehendes Abenteuer ist.

Ein Karussell bringt mir mein Kleinkinderglück zurück und eröffnet mir die Welt meines eigenen Wunderlandes, in dem Träume und Realität sich auf wundersame Weise verbinden.

Mit meinen Federn im Haar fühle ich mich leicht und frei wie ein Vogel und kann so die Ideen in meinem Kopf fliegen lassen.

Ich mag es sehr, das Schöne in den unscheinbaren Dingen zu finden, und so stecken oftmals die schönsten Reime in den kleinen Details.

Das Leben ist zu kurz, um es wirklich ernst zu nehmen, und so bin ich der festen Überzeugung, dass Humor der eigentliche Schlüssel zu Glück und Zufriedenheit ist.

Komm mit, denn ich lade Dich ein, diesen Schlüssel in meinen Gedichten zu finden.

TINA

FÜR ALL DIE POESIE,

DIE ZWISCHEN

DEN GESCHLECHTERN

LEBT ...

Für alle,

die an die faszinierende Gegensätzlichkeit

der Geschlechter glauben und wissen,

dass daraus die schönsten Geschichten entstehen!

Für Dich,

weil die Magie der Unterschiede

zwischen Männern und Frauen Deine Neugier

jeden Tag aufs Neue weckt

und Du dadurch die Welt mit einem Herzen

voller Staunen und Liebe betrachtest.

INHALT

EINBLICK, EINSICHT, ERKENNTNIS ...

In den Wirren des Lebens verstecken sich die herrlichsten und amüsantesten Unterschiede zwischen Männern und Frauen. Wie zwei parallel laufende, aber manchmal sich überschneidende Geschichten bringen sie eine endlose Quelle der Unterhaltung und der Erleuchtung in unser Dasein. Von der kunstvollen Interpretation des Wortes „spontan" bis zu den fein abgestimmten Verhandlungen über die optimale Raumtemperatur – unsere täglichen Begegnungen sind eine bunte Collage von Momenten, die uns sowohl zum Lachen als auch zum Nachdenken bringen.

Es sind die kleinen Dinge, die den großen Unterschied ausmachen. Die Diskussionen darüber, ob der Geschirrspüler effizienter beladen werden kann oder warum Socken nie ihre Paare finden können, offenbaren uns nicht nur die Nuancen unseres Alltags, sondern auch die tief verwurzelten Eigenheiten, die uns zu dem machen, was wir sind. Denn hinter jedem lustigen Missverständnis verbirgt sich eine tiefe Einsicht in die Art und Weise, wie wir die Welt betrachten und erleben.

Von der legendären „Nur mal kurz schauen"-Tour im Einkaufszentrum, die zu einem epischen Abenteuer wird, bis hin zur intensiven Debatte über die beste Schlafposition – jede Situation zwischen Männern und Frauen ist ein Kapitel für sich, das uns zeigt, wie vielfältig und farbenfroh unser Zusammenleben sein kann.

Es sind die unerwarteten Wendungen und die herrlich komischen Situationen, die uns daran erinnern, dass das Leben nie langweilig wird, solange wir die Unterschiede zwischen uns schätzen und feiern.

Auf jeder Seite unseres Lebensbuchs entfaltet sich ein Kapitel, das von den besonderen Farben und Tönen erzählt, die wir gegenseitig in unser Leben bringen. Es sind die kleinen Details, die Geschichten von Liebe, Konflikt, Zusammenhalt und Wachstum formen. Und so wie ein Kaleidoskop sich immer wieder neu zusammensetzt, so bieten uns auch die Nuancen und Unterschiede zwischen den Geschlechtern eine ständig wechselnde Perspektive auf das Leben.

In der Anerkennung und dem Feiern dieser Vielfalt liegt die Essenz eines harmonischen und erfüllten Miteinanders. Lassen wir uns also von den kleinen Geschichten und großen Einsichten inspirieren, die uns Männer und Frauen jeden Tag schenken. Mögen wir lernen, mit einem Augenzwinkern und einem offenen Herzen die Reise des Lebens gemeinsam zu bestreiten – in all ihren bunten Facetten und faszinierenden Unterschieden.

Denn es gibt so viele Dinge zu klären. Wer hätte gedacht, dass die Frage nach dem Abendessen zu einem philosophischen Dialog über die Bedeutung von „lecker" und „gesund" werden könnte? Oder dass die Diskussion über das Fernsehprogramm zu einem epischen Kampf um die Fernbedienung führen würde, der nur durch einen Waffenstillstand beendet werden kann?

Jede Facette unserer Existenz, sei es das kreative Chaos eines Künstlers oder die pragmatische Planung eines Ingenieurs, wird durch die wechselnden Perspektiven von Männern und Frauen bereichert. Es sind die unerwarteten Einsichten und eine tiefe Verbundenheit, die durch das Erkunden und Akzeptieren unserer Verschiedenheit entstehen.

Denn am Ende des Tages, wenn wir über die kleinen Missverständnisse und den großen Triumph lachen können, erkennen wir, dass das größte Geschenk der Unterschiede die unermessliche Bereicherung unseres Lebens ist.

Jede Begegnung, sei es im Küchenchaos oder bei einem abenteuerlichen Ausflug, ist ein lebendiges Zeugnis unserer Vielfalt und unserer Einzigartigkeit.

Es sind die Momente des Staunens und der Erkenntnis, die uns zeigen, dass die Unterschiede zwischen Männern und Frauen nicht nur eine Quelle der Freude und des Witzes sind, sondern auch eine ständige Erinnerung daran, wie reichhaltig und abwechslungsreich das Leben sein kann.

Also lasst uns gemeinsam lachen über die kleinen Absurditäten und die großen Triumphmomente, die wir uns jeden Tag bescheren. Möge unser Abenteuer der Entdeckung und der Freude niemals enden, denn in der Feier unserer Unterschiede liegt die wahre Magie des Lebens.

Und immer wieder schleicht sich die Frage unserer Unterschiedlichkeit nach vorne und will gesehen und gelebt werden. Warum sind die Geschlechter unterschiedlich? Diese Frage könnte man mit einer Prise Humor und einer ordentlichen Portion Schlagfertigkeit angehen:

Nun, wenn wir uns das Rätsel der Geschlechterunterschiede einmal genauer ansehen, stoßen wir auf eine herrlich verwirrende Mischung aus Biologie, Soziologie und einer Prise göttlicher Ironie.

Die Evolution hat uns Männer und Frauen gegeben, nicht nur als zwei Geschlechter, sondern als zwei verschiedene Arten des menschlichen Erlebens, die perfekt darauf ausgelegt sind, uns sowohl zu ergänzen als auch gelegentlich zum Kopfschütteln zu bringen.

Fangen wir mit der Biologie an: Männer, von Natur aus mit Muskeln und einem eingebauten Navigationschip ausgestattet, neigen dazu, in geraden Linien zu denken und pragmatisch zu handeln. Frauen hingegen, mit einem erweiterten Spektrum an Emotionen und einem Radar für Stimmungen, die von sonnigstem Sonnenschein bis zum größten Unwetter reichen können, bieten eine tiefere Ebene des menschlichen Erlebens.

Doch nicht nur das, während Männer oft das Bedürfnis haben, die Situation zu analysieren und Lösungen zu präsentieren, neigen Frauen dazu, komplexe soziale Dynamiken zu navigieren und die versteckten Bedeutungen von Gesten, Wörtern und Augenbrauen zu entschlüsseln. Und dann ist da auch noch die göttliche Ironie, die uns Männer und Frauen zusammenbringt: Wir lieben es, uns gegenseitig in Situationen zu bringen, die von einem Comedy-Drehbuch inspiriert sein könnten. Ob es nun darum geht, wer das Toilettenpapier wechselt oder wer die ultimative Entscheidung über das Abendessen trifft. Die Welt wartet auf eine Antwort, jede Alltagssituation wird so zu einer epischen Schlacht der Geschlechter. Doch das genau ist der Spaß daran, Mensch zu sein, oder? Die Unterschiede zwischen Männern und Frauen machen das Leben interessant, lebendig und niemals vorhersehbar. Sie bringen uns dazu, uns selbst zu hinterfragen, zu lachen und vielleicht sogar zu wachsen. Denn in dieser Welt der Unterschiede liegt die wahre Schönheit der menschlichen Existenz – voller Farben, Überraschungen und vor allem endloser Geschichten, die wir jeden Tag neu schreiben.

Also lasst uns diese wunderbare Reise der Geschlechterunterschiede feiern! Mögen wir weiterhin mit einem Augenzwinkern und einem breiten Lächeln durch das Leben gehen, bereit für alles, was diese erstaunliche Vielfalt uns bietet.

Wenn wir anerkennen, dass jeder Mensch seine eigene **Individualität** hat, dann erkennen wir auch an, dass wir alle in unserem eigenen Modell der Welt leben können und uns trotzdem wundervoll verstehen:

I – nspirierend

N – eugierig

D – ynamisch

I – deenreichtum

V – ielseitigkeit

I – mpulsiv

D – irekt

U – nergründlich

A – uthentisch

L – ebendig

I – nteressant

T – emperamentvoll

Ä – sthetisch

T – iefgründig

Wenn wir uns dem Unterschied zwischen den Geschlechtern hingeben, dann entdecken wir, dass dieser sehr **inspirierend** sein kann. Wenn wir es schaffen, uns der Sache **neugierig** und **dynamisch** zu stellen, werden wir den **Ideenreichtum** wahrnehmen und die **Vielseitigkeit** erleben, die dieser mit sich bringt. So ist eine Mann-Frau-Beziehung immer **impulsiv** und **direkt**, doch auch sehr **unergründlich**. Dennoch wenn jeder sich frei entfalten kann, dann wird eine Beziehung wundervoll **authentisch** werden. So lasst mit Offenheit eure Beziehungen **lebendig**, **interessant** und **temperamentvoll** sein. Denn nur so werden sie wundervoll **ästhetisch** und werden unser Leben **tiefgründig** bereichern.

Wenn man einmal erkannt hat, dass die Unterschiede zwischen Männern und Frauen auch viele bunte Vorteile mit sich bringen können, dann wird man anfangen, danach zu suchen und den Sinn dahinter erkennen zu wollen, und am Ende ist es gerade das, was unser Leben so bunt und interessant macht.

WENN MARS UND VENUS TANZEN

Er denkt in Linien, immer geradeaus.
Sie denkt im Kreis, malt ihre Welten aus.
Er folgt der Logik, ist hart und klar.
Sie tanzt im Rhythmus ganz wunderbar.
Er schweigt oft still, wenn's schwierig wird,
sie redet viel, wenn sich ihr Herz verirrt.
Er sucht den Halt im festen Grund,
sie findet Trost in ihrem Hund.
Er spricht in Tönen, kurz und knapp,
sie malt die Worte leicht und sacht.
Er sieht das Ziel, sie den Verlauf
und so geht es immer, bergab und bergauf.
Er strebt nach Ordnung, klar und schlicht,
sie liebt das Chaos und wenn das Spiel der Farben bricht im Licht.
Doch tief in den Unterschieden drin,
liegt er, der Sehnsuchtszugewinn.
Denn Mann und Frau, so wie sie sind,
ergänzen sich, verbunden blind.
In einer jeden Andersartigkeit
liegt wohl doch die schönste Einigkeit.

Die Beziehungen zwischen den Geschlechtern werden immer genauso werden, wie wir sie leben … Denn immer dann, wenn wir Verständnis aufbauen, reißen wir irgendwo eine Mauer ein.

Und somit haben wir es wieder gemeinsam geschafft, ein weiteres Geheimnis des Lebens zu entschlüsseln.

KOMM UND SPAZIERE HEREIN, LASS DICH AUF DIE WELT DES ANDEREN EIN. DANN KANNST DU MIT GROSSEN NEUGIERIGEN KINDERAUGEN ALLES ANSEHEN UND DES ANDEREN HANDLUNGEN VERSTEHEN, SO WIRD DAS MITEINANDER WUNDERSCHÖN.

ERSTER STREICH ...

Wenn Frauen denken, sorgt das bei allem **Verständnis** oft für
Verwirrung, denn die **Erwartungshaltung** ist
Die wahre Kunst der Liebe.

So Gott will, ist der **Beziehungsverlauf** so streichzart wie **Butter,**
doch oft sind **Streichholz und Benzin** im Spiel.

Vertrauen und **Nähe** sind ein **Seelenwunsch**, doch
Perfekte Männer sind selten, dafür gibt es umso mehr **Große Kinder.**

So ist das **Liebesleid** im **Land Deines Herzens** vorprogrammiert.

Doch wenn man lang genug sucht, findet man **Das Schöne im Mann,**
man muss nur daran glauben, dass **Jedem seine Welt** allein gehört.

WENN FRAUEN DENKEN

Wenn Frauen denken,
dann denken sie darüber nach, was Männer denken,
und dann denken Frauen, was denken bloß die Männer,
und kommen doch nie auf einen Nenner.
Denn sie denken mehr darüber nach,
als ein Mann überhaupt je zu denken vermag.

VERSTÄNDNIS

Willst du einen Mann verstehen,
dann musst du in seinen Gedanken spazieren gehen.
Was sagst du?
HÄ????? Und es ist so dunkel dort!?
Sehr gut, du bist am richtigen Ort.

VERWIRRUNG

Willst du einen Mann verwirren, so gib ihm recht und ein kaltes Bier
und sag ihm, für den Sex bleibst du auch gleich hier.
Sollte er intelligent sein, so lässt er sich niemals darauf ein.
Hat er doch erkannt, eine Frau tut nie was ohne Vorwand.
Der Preis, er könnte sehr hoch hierfür sein,
auf so was lässt man sich besser nicht ein.
Doch unter 100 wird man nur einen finden,
das ist der Sehende unter den Blinden.
Er wird ganz schnell verschwinden,
alle anderen werden bleiben
und haben sich den Fehler dann selbst zuzuschreiben.
Dass sie nur der Frauen Marionetten sind
und das alles aus Liebe BLIND!

ERWARTUNGSHALTUNG

Eigentlich wäre auf der Welt alles gut,
wenn jeder seine eigenen Wege geht
und dem anderen nichts tut.
Doch da gibt es ein Wort, das alles verändert.
Es heißt Erwartungshaltung,
und schon sind alle Situationen abgeändert.
Erwartungen sind der Lebendigkeit Tod
und bringen jedes Leben in Not.
Mit jeder Erwartung stirbt das Glück
und die Liebe geht einen Schritt zurück.
So können Erwartungen nur enttäuschen,
indem man sich gegenseitig kritisiert.
Nur Mann und Frau haben das anscheinend noch nicht kapiert.

DIE WAHRE KUNST
DER LIEBE

Den andern so zu sehen, wie er vom Universum gemeint ist,
ist die wahre Kunst der Liebe.
Den anderen auch dann zu lieben,
wenn nichts mehr bliebe,
außer der Liebe!

So GOTT WILL

Einen Menschen so zu nehmen, wie Gott ihn hat gemeint,
verwechselt eine Frau oft mit angeleint.
Sie versucht ihren Partner zu dressieren,
bis er kann Sitz, Platz und spring durch den Feuerreif
auf allen vieren, und meint ihn genau dadurch nicht zu verlieren.
Hat sie jedoch nur noch nicht verstanden,
dass durch zu viel Dressur die Liebe kommt abhanden.
Und dass keiner an eine Leine mag,
hat ihr auch noch niemand gesagt.
Darum ihr lieben Frauen hört auf,
eure Männer ändern zu wollen,
bis sie mit den Augen rollen.
Freut euch viel mehr über die Exklusivität eures eigenen Exemplars,
dann habt ihr euch eine Menge Ärger erspart.

~~Plan A~~
~~Plan B~~
Plan C

Wir müssen miteinander reden!
— GOTT

30

BEZIEHUNGSVERLAUF

Beziehungen kann man niemals verstehen,
nur lernen, sie zu überstehen.
Männer wollen Sex
und nehmen dafür die Beziehung in Kauf.
Bei Frauen ergibt sich ein anderer Verlauf.
Sie wollen die Beziehung
und dafür nehmen sie Sex in Kauf.
So schließt sich der Verlauf!

BUTTER

Butter, wo bist du?
Hören wir ihn sagen, da hat man als Frau keine weiteren Fragen.
Der halbe Kerl schon im Kühlschrank steckt,
aber keinesfalls die Butter entdeckt.
Stumm sucht er, laut flucht er,
unfähig ist er, wie ein Tourist
vermisst er den Routenplan
und fängt mit dem Suchen von vorne an.
Die Butter lacht stumm glücklich in sich rein,
weiß sie doch, im Kühlschrank ist sie daheim
und wird dort immer vor den Männern sicher sein.

STREICHHOLZ UND BENZIN

Männer und Frauen,
wie Streichholz und Benzin.
Eigentlich sollte man vor dieser Verbindung fliehen.
Doch irgendwie ziehen sie sich magisch an.
An dieser magnetischen Gegensätzlichkeit ist wohl doch was dran.
Es lebt zwar jeder in seiner Welt
und lebt das Leben, wie's gefällt.
Doch der Funke springt über,
lacht und entfacht manchmal einen Flächenbrand,
wer hätte das gedacht?
So ist es, wenn die Liebe ein Feuer entfacht!

VERTRAUEN

tiefe
Verbindung

offene
Kommunikation

Gesunde
Grenzen

VERTRAUEN

Immer wieder geht es um das Vertrauen
zwischen Männern und Frauen.
Gerade wir Frauen können so schlecht darauf bauen
und wollen den Männern nicht trauen.
So sehen wir den Wolf im Schafspelz direkt und wissen,
dass er in jedem Mann steckt und unser Vertrauen erschreckt.
Dadurch sind wir auf Misstrauen programmiert
und nerven ihn damit garantiert.
Denken mehr über seine Gedanken nach,
als er jemals zu denken vermag.
Untergraben alles Schöne
mit unserem misstrauischen Gestöhne.
Und löschen das Feuer der Leidenschaft,
wie nur Frau es durch hartnäckiges Hinterfragen schafft.
Nur leider haben wir Frauen das noch nie gerafft,
dass unser Fragen das Ende vor dem Anfang erschafft.
So hat es schon manche Beziehung dahingerafft!

NÄHE

In deiner Nähe sein, ist wie in der Stille des Waldes spazieren gehen,
einen jeden Blick stumm verstehen.
Ein Regenbogen, der in der Nacht
leise in meinem Herzen Freude macht.
Und eine Sternschnuppe, die mit Kirschblüten tanzt,
bevor sie das Glück auf die Folter spannt.
Dein Lachen ist wie ein frischer Wasserfall im August,
der laut nach freudigem Vergnügen ruft.
Sowie ein dickes Alpenglühen am Meer,
davon braucht jedes Herz viel mehr.
So sind meine Gefühle für dich wie Zugvögel in Formation
und kennen den Tango der Lüfte schon.
Da leben tanzende Schmetterlinge in meinem Bauch
und sorgen für des Lebens Hauch.
Deine Umarmung einem Kaminfeuer im Winter gleicht
und macht meine Seele reich.
Durch dein Leben ist in mir ein Lichterfest
und ich hoffe, es bleibt den ganzen Lebensrest.

SEELENWUNSCH

Wenn ich nichts von dir hör,
dann wird mein Herz so schwer.
Alle Gefühle gehen in mir baden
und meine Seele wünscht sich auf die Plejaden.
Ich kann meine eigenen Emotionen nicht verjagen,
doch kann ich sie auch nicht mehr ertragen.
Ich kann mich nicht lossagen,
daran werd ich noch verzagen.
Dabei sollte ich mich nur wagen,
wieder zu mir selbst zu finden
und mich nicht an ein anderes Herz zu binden.

PERFEKTE MÄNNER

Perfekte Männer sollte es an jeder Ecke geben,
was wäre das so wunderschön im Leben.
Überall ein perfektes Unikat,
was hätten wir uns Frauen das Suchen und die Dressur erspart.
Das wäre unser Wunsch an den lieben Gott.
Bitte mach, aber flott.
Doch der liebe Gott weiß,
es kann nicht alles geben,
auch wenn die Frauen danach streben.
An jeder Ecke der perfekte Mann?
Unter diesen Umständen begann
der liebe Gott, die Erde besser rund zu machen,
damit die Frauen endlich aus den absurden Träumen aufwachen.

GROSSE KINDER

Männer sind wie große Kinder
nur etwas blinder.
Sehen oft nicht, worum es wirklich geht,
und sind superschnell verdreht.
Wollen bespaßt werden,
nichts soll ihre Laune gefährden.
Können nicht gut mit Kritik umgehen
und andere Meinungen verstehen.
Wollen gern der Größte sein,
doch fühlen sich oft innerlich ganz klein.
So lebt in jedem Mann das Kind
und macht ihn für die Gefühlswelt der Frauen blind.

LIEBESLEID

Männer, sie sind oftmals eine Menge Leid,
doch sie machen die Herzen von uns Frauen so weit.
So lernen wir lieben, verstehen und geben,
denn mit den Männern ist es nie einfach im LEBEN.
Männer sind anders und Frauen auch.
Jedes Geschlecht so, wie es es braucht.

LAND DEINES HERZENS

Kann ich mir sicher sein, dass du wirklich mich meinst?

Oder nur aus Egoismus weinst?

Wer bin ich wirklich für dich?

Interessierst du dich für mich?

Welche Gefühle leben in dir?

Gehören davon welche zu mir?

Wie sieht es im Land deines Herzens aus?

Gibt es für mich darin ein Zuhaus?

Oder nimmst du in Wirklichkeit vor mir Reißaus?

Meine Seele wüsste gerne all dies im Voraus!

DAS SCHÖNE AM MANN

Was ist das Schöne am Mann?
An den eigenen Socken riechen,
um diese dann verkrumpelt durch die Wohnung zu schießen?
Was ist sexy daran, beim Essen zu furzen
oder laut über den Tisch aufzustoßen?
Was ist verbindend daran, Hey Alter zu sagen
oder in der eigenen Nase zu graben?
Was ist unterhaltsam am stundenlangen Schweigen
und sich dabei mit dem Trinken von Bier zu beeilen?
Worin liegt der Sinn, alles selbst machen zu wollen,
so kommt nie ein Stein ins Rollen.
All das ist Bestandteil der holden Männlichkeit,
um vernünftig und erwachsen zu werden, gibt es da wohl keine Zeit.

44

JEDEM SEINE WELT

Ich lebe in meiner Welt und du in deiner
und diese Welten sind nicht auf Kompatibilität eingestellt.
Alles, was ich sage, verstehst du grundsätzlich falsch,
alles, was du sagst, in mir verhallt.
So kommt es bald, dass Streit vorprogrammiert ist,
weil jeder niemals seinen eigenen Willen vergisst.
Unsere verschiedenen Meinungen treffen mit Härte aufeinander
und so geht die Zuneigung auseinander.
Jegliche Verbundenheit schmilzt hinweg,
alles, was von unseren rosa Gefühlen übrig bleibt, ist nur Asche und Dreck.
So hat die Liebe keinen Zweck.
Lasst uns doch lieber mit des anderen Augen sehen,
um seine Seele besser zu verstehen.
Einfach mal einen Schritt zurück,
dann sind wir beide füreinander das große Glück.

ERKENNTNISSE DES ERSTEN STREICHS ...

MÄNNER und Frauen,
wie Tag und Nacht,
ergänzen einander mit Liebe und Macht.
Erweitere hier Deine persönlichen Zeilen mit dem, was Du dazu jemals
hast erdacht.

. . . .
. . . .
. . . .
. . . .
. . . .
. . . .
. . . .
. . . .
. . . .
. . . .
. . . .
. . . .
. . . .
. . . .
. . . .
. . . .
. . . .
. . . .
. . . .

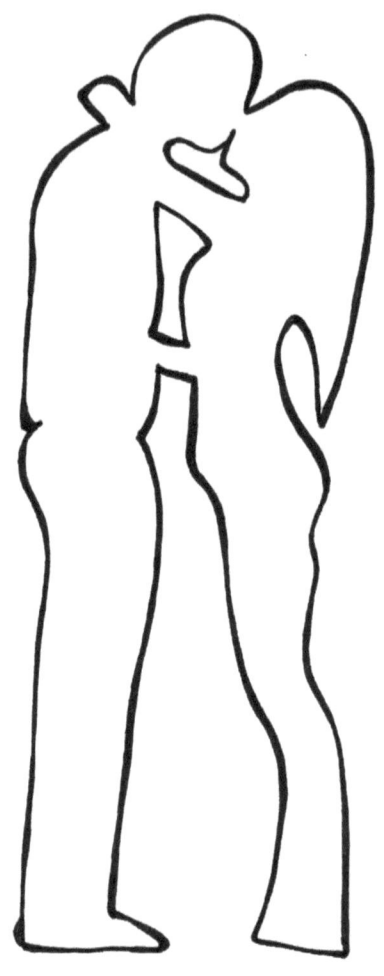

48

ZWEITER STREICH ...

Wenn du einmal verstanden hast, dass ein jeder in seinem Modell der Welt lebt, kannst Du auch viel besser nachempfinden, dass ein jeder andere Erwartungen und Wünsche hat.

LASS DICH AUF DAS LEBEN UND DIE LIEBE EIN,
DANN IST DEINE SEELE NIE ALLEIN!

Würde es einen **Duden der Geschlechter** geben, dann wüssten wir, dass **Der kleine Unterschied** nicht nur **Ansichtssache** ist, sondern auch **Die Sicherheit der Freiheit** bedeutet.
Welch wunderbares **Regenbogenbild**, wenn alles
Einfach, locker und ohne Problem läuft.
Doch leider gibt es sie, die **Raubkatze** des **Komm her, geh weg** in uns, deren **Herztraum** das **Multitasking** der Liebe ist.

So entstehen immer wieder neue **Frauenwünsche** und aus ihnen **Frauengeschichten**, um mit ganz viel **Frauenwissen** das **Schöne im Gegenüber** zu erkennen. Doch bei allem **Fortschritt** kann die **Frauenmelodie** es nie schaffen, so wie Männer Probleme einfach **Wegtuppern** zu können.

Dauerhaft kann aber gerade dadurch eine **Minimalausgabe** des Friedens im Mann erhalten bleiben!

DUDEN DER GESCHLECHTER

Ein Mann, ein Wort, eine Frau, ein Wörterbuch,
so ist die Kommunikation der Fluch.
Doch Millionen von Paaren starten immer wieder erneut den Versuch
und begehen gegenseitig Selbstbetrug an ihren eigenen Grenzen,
um durch Missachtung ihres eigenen Selbst zu glänzen.
Ach, wie wäre es so schön,
sich auch einfach ohne ein Wort zu verstehen!

DER KLEINE UNTERSCHIED

Wo liegen eigentlich die positiven Eigenschaften
von Mann und Frau so genau?
Lasst uns mit den Frauen beginnen
und so wichtige Erkenntnisse gewinnen:
Sie können weinen, wenn sie glücklich sind, lachen wie ein kleines Kind,
sind mitfühlend und sozial,
haben einen Willen aus Stahl.
Helfen jedem in der Not,
hassen Ungerechtigkeit wie den Tod.
Sind liebenswürdig und loyal,
einfach nur phänomenal.
Mit den Männern wird es schlicht
und reimen will es sich auch nicht.
Sie können gut schwere Sachen tragen und Spinnen töten.
Das sind die Eigenschaften von Mann und Frau,
jetzt wissen wir es ganz genau!
Um die Sprache der Frauen zu verstehen,
muss man sie meist nur genau herumdrehen:
NEIN = JA
und
JA = NEIN,
alles kann so einfach sein.
VIELLEICHT heißt NEIN
und „Wir brauchen" bedeutet „Ich will",
so kommt nur eine Frau zum Ziel.

„Es tut mir leid" ist auch umzukehren
in „Es wird dir leidtun, ich werde mich schon wehren!".
„Wir müssen reden" heißt, „Ich will mich bei dir beschweren"
und „Ich bin nicht sauer" ist mit Ausrufezeichen
in „Ich töte dich gleich!" umzukehren.
Ein „Mach, was du willst" heißt das Gegenteil,
ist die Sprache der Frau nicht unendlich geil?
Wenn sie leise zu dir spricht:
„Schatz, es ist wirklich, wirklich NICHTS",
dann nimm die Beine in die Hand
und verlasse möglichst schnell das Land.
Um die Sprache des Mannes zu verstehen,
muss man nur klar von der Realität ausgehen.
„Ich habe Hunger" heißt genau das,
„Ich bin Müde" ist derselbe Satz.
Doch etwas komplizierter wird es schon,
hier zeigt sich sogar etwas Emotion:
„Schönes Kleid" = „Geiler Arsch"
und ab dann wird ganz direkt
alles nur auf EINS gecheckt.
Jede Frage verfolgt das gleiche Ziel,
„Kann ich dich anrufen?" heißt, dass er was will.
Mit einer Einladung zum Essen
hofft er auf sein Ziel zu setzen.
Alles nur auf drei Buchstaben geeicht,
ist er optimistisch bei jeder Bemühung, dass sie ausreicht.
Und so gleicht jeder Gedanke in seinem Kopf sich selbst.
Es ist egal, welche Fragen er stellt.
So ist es überall auf der Welt,
der Mann als Supersexheld!

ANSICHTSSACHE

Oh, ist da etwa jemand schlecht gelaunt?
Oder hat er nur von Zeit für sich geträumt?
Verzieht das Gesicht und rollt die Augen, wenn sie spricht!
Bis die Wut aus ihr herausbricht.
Dabei sollte es doch ein schöner Abend werden,
so ganz ohne irgendwelche Beschwerden.
Doch keiner kann den anderen in seiner Art akzeptieren.
Da kann man nur noch an die Vernunft appellieren
und allen Singles zu ihrem Sein gratulieren.

DIE SICHERHEIT DER FREIHEIT

Männer brauchen ihre Freiheit,
Frauen Sicherheit und dass am Ende Liebe übrig bleibt.
Männer brauchen ihre Ruhe, ihren Trott, ihr Ritual.
Frauen lieben ihren Veränderungskarneval.
Männer genießen auch sich selbst,
da keine Welt an ihnen zerfällt.
Frauen brauchen Zuspruch, ein Ohr und viel Geduld,
für ihren ganzen Frauenkult.
Männer brauchen nicht immer etwas sagen,
doch Frauen können immer etwas fragen.
So geht es bis in alle Unendlichkeit,
ich hab's euch heute schon prophezeit.

REGENBOGENBILD

Du bist es, der die buntesten Farben in mein Herz legt,
so dass es schwebt,
sich nicht mehr aufregt und die Liebe entsteht.
Mein Herz schmerzt nicht mehr
und ich kann aus den Farben meinen eigenen Regenbogen basteln,
einfach mein kleines Herz entlasten.
Ich spür, wie du mich mit deinen Augen fotografierst
und ein Stück von mir zu einem Teil von dir wird,
und hoffe, dass dein Herz nie irrt,
nur bin ich manchmal nicht gut getroffen, und das verwirrt.

EINFACH, LOCKER UND OHNE PROBLEM

Wenn alles einfach, locker und problemlos ist,
ein Mann alles Negative vergisst.
Wenn keiner ihn drängt,
sondern nur ganz sanft lenkt,
ihm seinen eigenen Willen lässt,
dann baut er auch ein Nest.
Für ihn ist es halt wichtig,
dass niemand ihn erpresst,
so folgt er ohne Protest
für den ganzen Lebensrest!

RAUBKATZEN

Männer sind wie Katzen,
sie brauchen ein Heim und einen Herd
und jemand, der sie verehrt!
Sie brauchen ein wenig Personal,
denn allein sein ist für sie keine Wahl.
Wer soll dann waschen, putzen, kochen
und das im Kreis ununterbrochen.
Wer soll ihnen das Gefühl der Erhabenheit geben,
das sie brauchen, um sich vom Sofa zum Esstisch zu bewegen.
Und dazu haben sie ihren ganz eigenen Kopf
mit einem dicken Willen innen drin
für ihren eigenen Check-in.
Sind Putzwasser scheu und doch verfressen zugleich.
Doch ihr Blick macht Frauenherzen weich,
so leben sie als große Raubkatzen in unserem Reich.

59

KOMM HER, GEH WEG

Komm her, geh weg,
ein altes Spiel erfüllt immer noch sein Ziel.
Denn willst du gelten,
dann mach dich selten.
So halten sich seit Generationen die Geschlechter in Schach
und warten immer auf des anderen Schachmatt.
Ein jeder poliert sein Individuum,
als wäre der andere stumm und dumm.
Um so noch mehr Begehrlichkeit beim Gegenüber zu wecken,
übt man sich auch noch im Verstecken,
um dadurch wieder den Magneten der Anziehung einzuschalten.
Glaubt man doch, dadurch die Liebe des anderen am Brennen zu halten,
doch eigentlich könnte man das Ganze viel einfacher gestalten.

60

HERZENSTRAUM

Mein Herz geht rund und träumt sich neue Sterne,
dabei hat es dich doch so gerne,
auch aus der Ferne.
Wobei das eigentliche Dasein das Nahsein braucht,
damit das Herz sich zu schlagen traut
und an den Herzschlag des anderen glaubt.

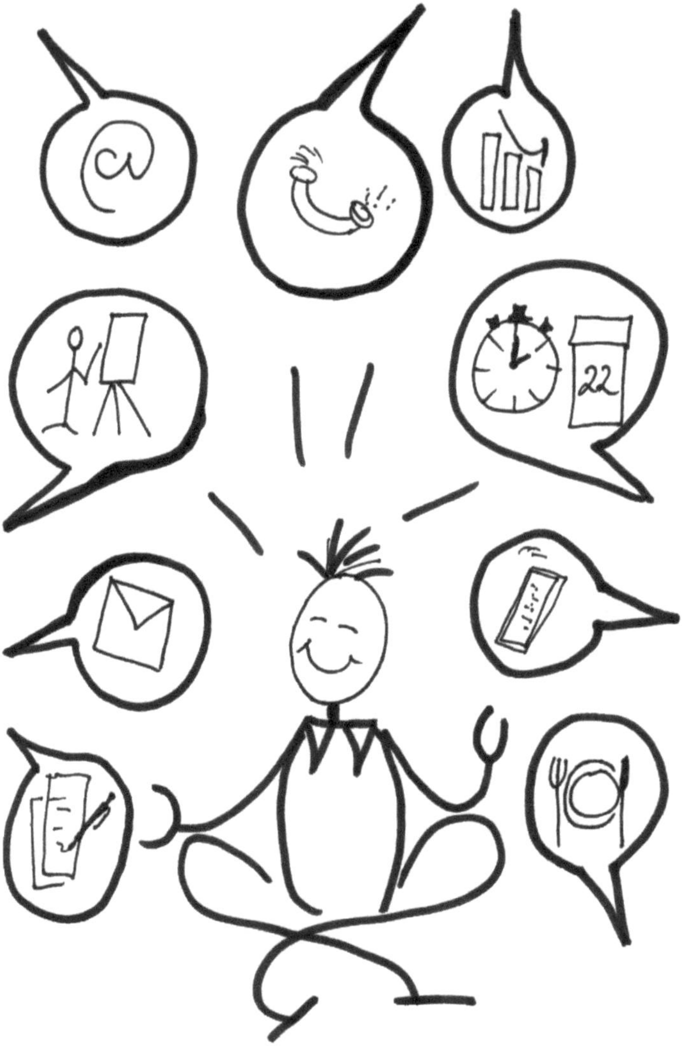
22

MULTITASKING

Multitasking ist unsere Frauendevise
und führt jeden Mann in die Krise.
Kann er doch nur immer eins,
und das ist ausschließlich seins.
Er ist die Sonne in seinem Universum,
dreht sich stetig nur um sich selbst,
so dass er seine eigene Welt erhellt.
Darf nicht gestört werden bei den kleinsten Dingen,
da sie ihm sonst nicht gelingen.
Wenn es geht, dann überhaupt nur langsam der Reihe nach,
immer schön gemach, gemach.
In der Zeit hat man als Frau schon Welten verschoben
und die Sonne leuchtet scheinend von oben.

FRAUENWÜNSCHE

Frauen lechzen danach, geliebt und verehrt zu werden.
Ist das nicht der Fall,
so fangen sie an, sich zu beschweren
und sich gegen alles zu wehren.
Sie lassen sich dann einfach nicht mehr begehren,
auch wenn die Männer sich nach ihnen verzehren.
Denn willst du als Mann deine Liebe mehren,
so lass dich belehren.
Fang an, die holde Weiblichkeit zu verehren,
dann kannst du auch mit ihr verkehren
und sie wird dir viel Liebe bescheren.

FRAUENGESCHICHTEN

Von uns lieben Frauen will ich heute berichten,
ohne was zu vergessen oder dazuzudichten.
Wir lieben die Schuhe, hoch und fein,
doch dürfen es auch mal Sneaker sein.
Für Schuhe und Handtaschen, da ist immer Platz
und man hört nie den Satz: „Das trägt aber auf!
Zieh das lieber schnell wieder aus!"
Auch reden wir Frauen viel, das ist bekannt,
doch dadurch haben wir die Oberhand!
Wir shoppen gern von früh bis spät,
bis jeder Mann die Augen verdreht.
Und seit es das liebe Navi gibt, welch ein Glück,
ist jedes Einkaufszentrum in unsere Nähe gerückt.
Dank Einparkhilfe kommen wir ganz galant
in jedem Parkhaus nicht an die Wand!
Und haben wir Hunger, dann sei „Mann" gewiss,
dass Mann dann besser nicht in unserer Nähe ist.
So leben wir nicht nur einen Fimmel,
sondern gar einen riesengroßen Spleen,
doch wir schaffen es immer wieder,
dass die Männer nicht wirklich von uns fliehn,
dank unserer Eigenschaft als Dream-Queen!

FRAUENWISSEN

Wir Frauen wissen eigentlich immer, was wir wollen.

Oder zumindest, was die anderen sollten.

Wer braucht es heute denn noch meinungsstabil.

Man muss nur wissen, was die Welt will.

So liest man in den ersten 10 Seiten einer Frauenzeitschrift:

Akzeptier dich, wie du bist,

und in den nächsten 10 Seiten wird man angehalten,

sich ohne Falten zu gestalten.

Wiederum 10 Seiten weiter

wird man nicht mehr breiter

und nimmt in 4 Wochen ganze 12 kg ab,

so hält man sich gern selbst auf Trab.

Zu guter Letzt darf es dann nicht an

10 Seiten Tortenrezepten fehlen,

um der Meinung ihre Stabilität zu stehlen.

Da versteh mal einer die Spezies Frau,

wenn man(n) weiß es selbst nicht genau!

DAS SCHÖNE
IM GEGENÜBER

Welche Beziehung ist schon perfekt?
Überall gibt es kleine Haufen Dreck!
Die Kunst liegt darin, Kehrblech und Besen zu sein,
so hält man die Beziehung rein.
Gegenseitig sich zu unterstützen,
füreinander da zu sein,
im Herzen rein, im anderen daheim.
Das Schöne im Gegenüber zu erkennen
und es durch Lob bei seinem Namen zu nennen.
Dadurch man sich gegenseitig stärkt
und der Beziehung so nichts Böses widerfährt,
da sich keiner über den anderen beschwert,
dann läuft von vornherein nichts verkehrt.
Wenn man den anderen ein bisschen ehrt!

FORTSCHRITT

Da es den Fortschritt gibt,
gibt es auch die Möglichkeit, sich öfter zu irren.
Den Fortschritt, als losgelöstes Individuum
sich nicht mehr auf alle Ewigkeit binden zu müssen!
Ist ein Blick hinter die eigenen Kulissen,
um am Ende zu wissen,
dass dieses Sich-Irren menschlich ist,
egal wen man auf der Welt vermisst.
So ist es irrelevant, wie oft wir im Fortschritt einander verlassen,
um uns nichts gefallen zu lassen,
am Ende werden wir nicht voneinander lassen,
denn man könnte ja irgendetwas verpassen;
so können wir es nicht fassen,
dass wir auch die neue Liebe immer wieder hassen
und so langsam all unsere Gefühle verblassen.

FRAUENMELODIE

Die Ansprüche der Frauen und ihre Wünsche
versiegen nie, wie eine ewig klingende Melodie.
Formulieren sie ihre Erwartungen, um ständig mehr zu wollen.
Glauben, in ihnen steckt die Lösung,
und erkennen nicht,
dass sie selbst Teil des Problems sind
und somit für jede Veränderung blind.
So haben wir Frauen ständig 1000 Ideen,
mit denen wir den Männern auf die Nerven gehen,
und können ihr Desinteresse
und ausbleibende Freude nicht verstehen.
Da ist sie, die Erwartungshaltung,
das alte Problem,
warum Männer und Frauen sich nicht verstehen,
und das wird ewig so weitergehen.

WEGTUPPERN

Wie schön wäre es, Probleme einfach wegzutuppern?
Einzufrieren und zu ignorieren?
So was kann am besten der Mann!
Er schafft es, jedes Problem einzeln zu verpacken
und dann erst mal abzuwarten.
Schön eingetuppert liegt es da
und der Weiblichkeit ist klar:
Hier ist keine Lösung in Sicht,
doch das stört ihn offensichtlich nicht.
Es ist ein ausgesprochen großes Talent,
was man männliche Ignoranz nennt.
Selbst mit fehlendem Tupperdosendeckel
wird uns Frauen noch klar,
es bleibt jedes Problem frisch eingetuppert, so wie es war.

MINIMALAUSGABE

An Männern ist eigentlich nichts kompliziert,
sondern lediglich alles auf ein Minimum komprimiert,
dadurch ist auch nichts verziert,
sondern in seiner Einfachheit etabliert.
So fühlt Frau sich oft frustriert,
denn sie hat den männlichen Charakter noch nicht kapiert.
Frau kann sich einfach nicht erklären,
dass ihn vieles nicht tangiert,
und ist oft über sein Verhalten schockiert,
wenn er sich in einfaches Schweigen isoliert.
Sie probiert alles, bis er endlich reagiert,
und kann nicht verstehen,
dass sie ihn irgendwann verliert,
wenn sie all seine Taten ständig analysiert
und nicht akzeptiert,
dass an ihm wirklich nichts ist kompliziert.

ERKENNTNISSE DES ZWEITEN STREICHS ...

MÄNNER und Frauen gehen gemeinsam durch dick und dünn,
so gibt es keine Herausforderung ohne Gewinn.
Bereichere Du bitte auch hier meine Verse mit Deinem Sinn.

. . . .
. . . .
. . . .
. . . .
. . . .
. . . .
. . . .
. . . .
. . . .
. . . .
. . . .
. . . .
. . . .
. . . .
. . . .
. . . .
. . . .
. . . .

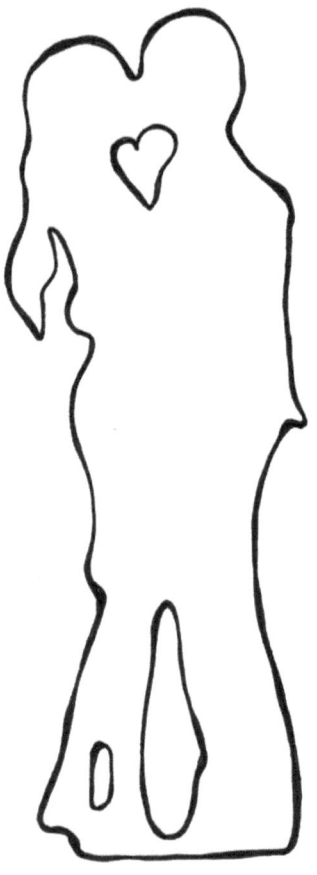

DRITTER STREICH ...

Es gibt das weibliche und das männliche Prinzip.
Es gibt weich und hart, doch es gibt nicht nur schwarz oder weiß.

„MÄNNLICH UND WEIBLICH, TAG UND NACHT, IN IHREM TANZ DIE WELT ERWACHT.
ZWEI PRINZIPIEN, STARK VEREINT, HARMONIE, DIE EWIG SCHEINT!"

Die **Formel des Problems** ist in **Frau versus Mann** zu sehen.
Das Schweigen der Männer als **Gehirnknick** mit **Handy und Klo**
haben wohl nur **Männerseelen**.

So gibt es viele **Männergeschichten**, doch nie geht es um **Shopping**
oder **Schuhe**, vielmehr geht es um **Riech mal** und **Drei Dinge**, die
Männerwesen lieben.

Wie nennt man? eine **Männerstudie**, die über die
Mangelerscheinung Mann berichtet: **Mann im Mond.**

Am Ende ist uns eines sicher, in jeder **Männergemeinschaft** wird es immer
Kontext und Schweigen geben, wenn die Frauen nach den Gedanken der
Männer fragen.

FORMEL DES PROBLEMS

Frau + Mann = Problem.
Dabei könnte es doch so einfach gehen,
doch es handelt sich hier um gänzlich unterschiedliche Welten.
Das ist tägliche Normalität und nicht selten.
Die Gleichung scheint unlösbar und nicht leicht,
da das Problem nicht aus der Formel weicht.
So ist es nun mal mit der Mathematik,
da gibt es keinen einfachen Trick.

$$BMI = \frac{\text{Körpergewicht in Kilogramm}}{(\text{Körpergrösse in Meter})^2}$$

FRAU VERSUS MANN

Schminktäschchen versus Werkzeugkoffer.
Wimpernzange versus Hammer.
Herrichten, reparieren, renovieren!
Um zu kapieren, dass es immer was zu tun gibt,
wenn man dieses Tun liebt!
Drogerie oder Baumarkt, hart oder zart.
Jeder läuft auf seinem Pfad.
Die verschiedenen Utensilien grüßen,
damit das Ego nichts hat einzubüßen,
um der Seele den Tag zu versüßen.
So muss Mann bauen und reparieren
und Frau das eigene Sein verzieren.
Jeder tut's auf seine Art,
damit er das, was ihm wichtig ist, bewahrt.
Männer greifen zur Zange, wenn was klemmt,
Frauen zaubern Glanz in ihr Gesicht für den Moment.
Das geht so lang, bis das Leben sich von uns trennt.

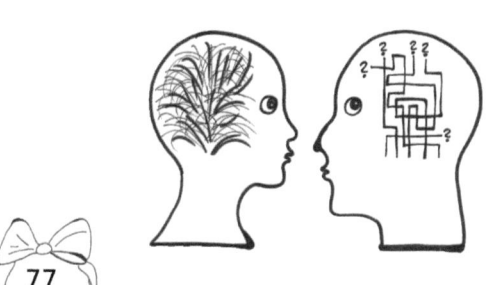

DAS SCHWEIGEN DER MÄNNER

Kennt ihr es auch, das Schweigen der Männer
und ihren leeren Blick.
Wie vom Blitz getroffene Lämmer mit nur einem Satz erzeugt.
Was denkst du gerade, heißt es schlicht,
beim Mann sich innerlich alles erbricht.
Ach, ist es schade, dass kein Mann es selber weiß,
obwohl man ihn doch anscheinend aus irgendwelchen Gedanken reißt.
Auf diesen Satz steht Höchststrafe,
nach dem Höchstmaße der männlichen Arroganz
wird man blöde angeranzt
und sich hinter einer Mauer aus Missachtung verschanzt.

GEHIRNKNICK

Das Gehirn ist ein bedeutendes Organ.
Auf seinen Inhalt kommt es immer an.
Es arbeitet hart, 24 Stunden am Tag,
365 Tage im Jahr und ist immer für uns da.
Vom Anfang unseres Lebens bis zu dem Augenblick,
in dem man sich verliebt,
da bekommts ´nen schweren Knick.
Es denkt dann wirklich, Männer und Frauen
könnten sich gut verstehen,
es könnte was daraus werden und immer weitergehen.
So ist verliebt sein ein Phänomen.
Denn von nun an wird's erst mal ohne Hirn gehen.
Bis man erkannt hat,
Männer und Frauen werden sich auf Dauer nicht verstehen.
Am Ende hilft nur das Einsehen
und zurück bleibt das Problem,
warum wollen wir das alle nicht verstehen?

HANDY UND KLO

Stundenlang mit dem Handy auf dem Klo,
das gibt's sonst nirgendwo als in einer Männerwelt.
Mit ´nem kalten Arsch im eigenen Mief
ist Mann sich für NIX zu fies.
Genießt das Sitzen auf seinem Thron
und hört nicht der Weiblichkeit Hohn.
Man, was wird das noch Hämorriden geben
und Probleme im zukünftigen Leben.
Doch der Mann, er sitzt ganz gemütlich,
Gestank produzierend
und die eigene Scham nicht kapierend.
Auf dem Örtchen, das ihm Stille gibt,
mit dem Handy in der Hand
und fühlt sich von der Welt anerkannt.
Suche hier den Fehler im Bild.
Seit es Handys gibt, braucht man kein Sitz-Pinkel-Schild.
Wenigstens in dieser Hinsicht sind die weiblichen Interessen
gestillt!

MÄNNERSEELEN

Männerseelen haben Angst, sich selbst zu verfehlen.
Können sich immer nur um eine Sache kümmern,
fühlen sich sonst wie ein loser Stein in Trümmern.
Frauenseelen haben Angst, nicht überall zu sein.
Können 1000 Dinge gleichzeitig tun
und sind gegen Problemlösungen immun.
So funktionieren die Prinzipien genau andersherum,
das ist im täglichen Leben dumm
und es gibt keine Antwort auf die Frage nach dem Warum?

MÄNNER-
GESCHICHTEN

Von Männern will ich heute ein bisschen was erzählen
und auch ein paar Eigenheiten erwähnen.
So wie es sich zum Beispiel mit ihren Socken verhält,
die „Mann" nie, ohne daran zu riechen, zu der restlichen dreckigen
Wäsche gesellt.
Sie grunzen und schmatzen beim Fernsehschauen
und der beste Kumpel kriegt gerne mal ein „Hi Alter" auf die
Schulter gehauen.
Sie lieben alle Autos, die groß sind und schnell,
die sind für ihre Potenz ein Quell.
Wenn's ums Grillen geht,
sind sie die Kings bei Würstchen, Steaks und Chicken Wings.
Sie lieben Sport und trinken Bier,
so entsteht der Sixpack beim Mann als Zier,
manchmal ist er gar als Berg getarnt,
so werden wir Frauen leise gewarnt.
Doch werden die Männer krank,
dann fühlt es sich an wie Zucker im Tank.
So haben die Männer ihre Marotten,
und darüber können wir Frauen spotten,
denn was wäre es so langweilig in dieser Welt,
wäre der Mann nicht unser heimlicher Held!

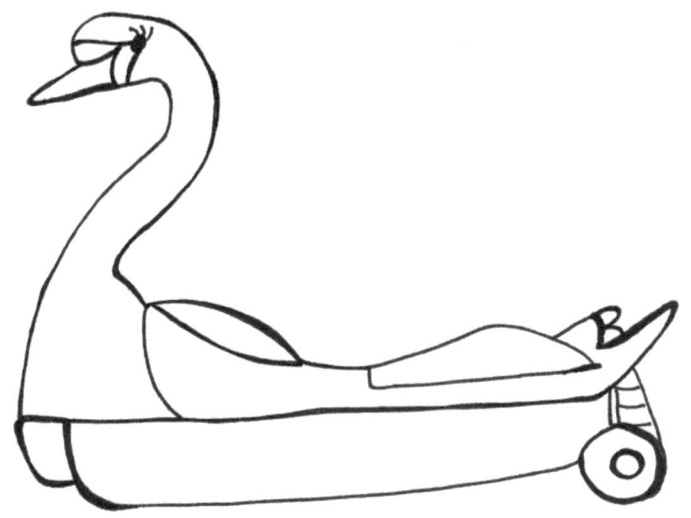

SHOPPING

Ist Shopping Übel oder Last,
oder hat Mann einfach nur den Zugang an der Freude verpasst?
In einem Riesen-Shoppingparadies,
der Mann aus Verzweiflung fast zerfließt.
Kauft er doch ausschließlich dann nur ein,
passt er irgendwo nicht mehr ganz rein.
Kaum hat er das Gewünschte erjagt,
er sie nach dem Shoppingfeierabend fragt.
Fix und fertig ist er, kann kaum noch stehen
und will direkt nach Hause gehen.
Nörgelig und unruhig, als wär er drei,
wünscht er sich die Couch herbei.
Da helfen keine guten Worte,
da hilft nur Bier von seiner Lieblingssorte!

SCHUHE

Der Mann, er denkt, er sei so klug,
doch die Frau findet, es ist nie genug.
Auch am Schuhwerk ist zu erkennen,
ein Mann kann seine 3 Paare stets benennen.
Wir Frauen wissen jedoch nur,
uns fehlt von 5 Paaren jede Spur.
Die restlichen 100 aber sind jedoch für den Mann ein schwarzes Loch.
So sammeln wir Frauen stets noch mehr
und die Männerwelt wundert es sehr.
Schuhe, bei Frauen als Lebenselixier getarnt,
Männer! seid leise durch unsere Stilettos gewarnt.

RIECH MAL

Wenn eine Frau sagt „Riech mal",
dann duftet es nach Blumen und Heu
und irgendwie nach Sommer und neu.
Wenn ein Mann hingegen sagt „Riech mal",
man das am besten gleich vertagt,
hätte er doch bloß niemals gefragt!

DREI DINGE

Meine Freundin sagt:
„Willst du einen Mann erfreuen,
musst du nur drei Dinge wissen
und schon bist du hinter den männlichen Kulissen!"
Frau befolgt nur einen einfachen Rat
und schon kommt Frau mit der Spezies Mann parat!
So lobt Frau ihn
und sagt ihm nie das Gegenteil
und füttert ihn und macht ihn satt,
und wenn er dann noch guten Sex hat,
will er nichts mehr auf dieser Welt
und fühlt sich wie der größte Held.

MÄNNERWESEN

Schwäche zeigen darf nicht sein.
Zugeben, dass man etwas nicht kann,
wirkt wie ein Bann, der sich auf das Leben legt,
und man das Gefühl hat, das nichts mehr geht.
Männer leben nach diesem Motto.
Können es nicht ertragen, jemand nach dem Weg zu fragen
oder das Projekt zu teilen,
so sie lieber in der Situation verweilen
bis in alle Ewigkeit,
und keiner weiß Bescheid.
Es ist der Männer Wesenheit,
die in einem jeden Männlein schreit
und bei jeder Schwäche schweigt.
Hier hilft keine Offenheit,
hier lebt nur die Eitelkeit,
alles selbst besser zu wissen,
denn bei einem Mann gibt es keinen Blick hinter die Kulissen.
Sonst wäre er innerlich zerrissen
und fühlte sich in seiner Ehre beschissen,
das sollte jede Frau wissen.

WIE NENNT MAN?

Wie nennt man einen Mann, der gut aussieht?
Vor keinem tiefgründigen Gespräch flieht?
Zu der Meinung der Frau Stellung bezieht?
Intelligent ist, Verbundenheit im Leben vermisst,
organisiert und sensibel ist?
Meine Damen, die Antwort ist ganz schlicht,
so etwas nennt man ein Gerücht!

MÄNNERSTUDIE

Es gibt eine Studie, die sagt,
dass wenn ein Mann sich zu heiraten wagt,
er länger lebt als ein Singlemann,
also kommt es wohl auf den Ring am Finger an.
Doch Umfragen haben ergeben,
dass verheiratete Männer gar nicht mehr so gerne leben.

MANGELERSCHEINUNG
MANN

Was eine Mangelerscheinung beim Mann so alles kann:
Er heiratet aus Mangel an Erfahrung
und denkt, er bekommt dann Nahrung
für alle körperlichen Gelüste.
Als ob man es nicht besser wüsste ...
Dann lässt er sich scheiden aus Mangel an Geduld
und gibt allem Weiblichen die Schuld.
Doch durch Ungeduld wirkt der Mangel im Gedächtnis wie ein Katapult.
Der Mann heiratet aus Mangel an Gedächtnis wieder,
doch irgendwann wird er wieder in ihm erwachen, der: Krieger!
Vielleicht wird er ja doch noch Sieger
und kann dann singen seine eigenen Lieder
für alle seine Glieder.

MANN IM MOND

Der erste Mann auf dem Mond,
das war ein guter Anfang.
Als die Meldung erklang,
da hätte man einfach weitermachen sollen,
dann würde heute alles rollen.
Manchmal muss man einfach nur wollen.
Es ist mir schleierhaft, warum wir aufgehört haben,
es wäre die Lösung gewesen für alle Probleme,
die sich jetzt in der Zukunft ergeben.
Doch so ist es halt jetzt eben
und wir müssen weiter mit den Männern auf der Erde leben!

94

KONTEXT UND SCHWEIGEN

In Kontext und Schweigen gesprochen,
hat Frau jedes Wort gesagt,
alle Gefühle gewagt zu fühlen
und sitzt jetzt zwischen den Stühlen.
Denn gemeint hat sie Ja, doch gesagt hat sie Nein.
Diese Unterschiedlichkeit kriegt man in ein Männerhirn nicht rein.
Sie hören die Buchstaben nur so, wie sie sind,
für die verdrehenden Meinungen von Frauen sind sie blind.
Fühlen sich durch unsere Weiblichkeit fremdbestimmt.
Erkennen in unseren Worten keinen Sinn.
Können keinen Kontext deuten und ein Schweigen nicht erläutern.
So leben sie in unserer Welt
und sind auf Verzweiflung eingestellt.
Sie brauchen einfache Klarheit und eine schlichte Anweisung,
dann sind sie nicht mehr auf dem Sprung,
alles kommt in Schwung
und man ist tatsächlich sich gegenseitig eine Bereicherung.
So geht die Anleitung,
bleib beim Duden,
denn es kommt beim Mann
nur auf die tatsächlichen Buchstaben an.

95

MÄNNEREIGENSCHAFT

Des Mannes Stärke ist das eigene Ich und dass ihm keiner widerspricht.
So dass er niemals sein eigenes Wort bricht.
Ein Mann braucht sehr viel Aufmerksamkeit,
nur so ist er für Heldentaten bereit.
Ein Mann will seinen Rückzugsort,
denn durch diese Männerhöhle sind alle Probleme fort.
So ist der Mann sein eigenes Unikat,
für das hat Frau keine Gebrauchsanweisung parat.

ERKENNTNISSE DES DRITTEN STREICHS ...

MÄNNER und Frauen in Harmonie teilen die Last und auch die Magie.
Nun füge hinzu Deine Strategie.

. . . .
. . . .
. . . .
. . . .
. . . .
. . . .
. . . .
. . . .
. . . .
. . . .
. . . .
. . . .
. . . .
. . . .
. . . .
. . . .

98

. . . .
. . . .
. . . .
. . . .
. . . .
. . . .
. . . .
. . . .
. . . .
. . . .
. . . .
. . . .
. . . .
. . . .
. . . .
. . . .
. . . .
. . . .
. . . .
. . . .
. . . .
. . . .
. . . .
. . . .

100

VIERTER STREICH ...

So sind Männer oft wie Kaugummiautomaten – einfach zu bedienen, aber ständig leer. Frauen sind wie Schweizer Taschenmesser – klein, kompakt und voller überraschender Funktionen!

MÄNNER SIND WIE FEUER, WARM UND HELL,
FRAUEN WIE WASSER, KLAR UND SCHNELL!
ZUSAMMEN FLIESSEN SIE IM FLUSS DER ZEIT,
EGAL WOHIN UNS DIESER TREIBT.

Eigentlich ist es ganz **Simpel**, denn **Zu zweit** kann man in aller **Stille** eine **Wunderschöne Geschichte** schreiben. Dafür braucht man nur **Liebe Worte** und sollte versuchen, **Mit den Augen des anderen** zu sehen.

So kann im **Geschlechterglück Kommunikation** entstehen, wenn alle irgendwo **Kind geblieben** sind.
Wer braucht noch ein **Zeitmanagement** oder eine **Problemlösung**, wenn wir uns an den guten alten **Lagerfeuerheld** erinnern und erkennen, dass alles nur **Einstellungssache** ist.

Bedenken wir bei **Der Welten Veränderung** den **Arschunterschied**, entdecken wir, **Die Chromosomen sind schuld**. Doch am Ende ist immer nur eines wichtig, nämlich: **Du bist ...** für mich **Ein Geschenk!**

SIMPEL

Kein Mann will dauernd diskutieren
oder sein Hirn durch Frage-Antwort-Spiele blockieren.
Denn so würde er nur einen Overload riskieren
und seine innere Ruhe verlieren.
Er braucht seine einfachen Gedanken nicht zu sortieren
und jede Möglichkeit einzeln zu probieren.
Vielmehr möchte er in seinen Gedanken pausieren,
um in sich selbst zu spazieren.
Alles von außen würde da nur irritieren,
das ist für ihn das schönste Existieren.
Wenn keine Frau will irgendetwas durch Fragen forcieren,
so kann er seine eigene Glückseligkeit kreieren.

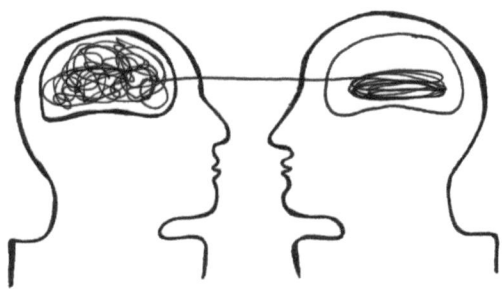

ZU ZWEIT

Lasst uns füreinander Zeit nehmen,
uns gegenseitig Freude geben,
dann erwacht in uns die Liebe zum Leben
und die Leichtigkeit zieht ein,
die Seele fühlt sich nicht mehr allein
und ist glücklich, zu zweit zu sein.

 STILLE

Sie beschwert sich, von ihm nicht gesehen zu werden.
Es fühlt sich für sie an wie sterben.
Sie will doch nur den Platz in seinem Herzen,
er will lachen, leben, scherzen.
Es reicht ihm, wenn er selbst weiß, dass er sie liebt,
und es nicht verbal wiedergibt.
Hat er sie doch erobert und somit in seinem inneren Krieg gesiegt.
Doch sie ist ständig in die Liebe
und die drei ihr fehlenden Worte verliebt,
so fühlt sie sich durch seine
STILLE nicht geliebt.

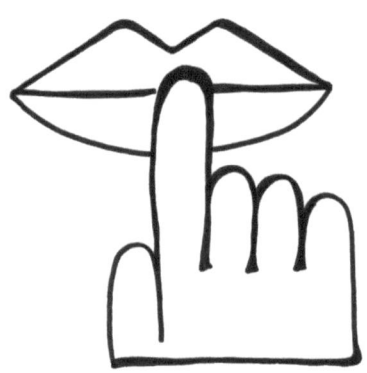

WUNDERSCHÖNE
GESCHICHTE

Eigentlich ist es ja eine wunderschöne Geschichte,
was da zwischen Mann und Frau so alles läuft.
Eigentlich könnt es sein wie in einem Märchen,
doch die Disharmonie kommt oft gehäuft.
Eigentlich müsste der siebte Himmel nicht geschlossen sein,
doch auf Dauer kommt da keiner rein.
Somit ist EIGENTLICH
der eigentliche Grund,
warum es zwischen Mann und Frau läuft nie richtig rund!

LIEBE WORTE

Das Ausbleiben deiner Worte lässt mein Herz bluten,
meine Seele weinen und Ängste aufkeimen.
Alles in mir fühlt sich allein,
einsam und klein.
Drum spar nicht mit lieben Worten,
man soll sie nie für spätere Zeiten horten,
sondern sich an ihnen betrinken
und dem Leben mit der Liebe glücklich zuwinken.

MIT DEN AUGEN DES ANDEREN

Wenn wir nur Geduld miteinander hätten
und Verständnis für des anderen Situation,
würde er von Erden verschwinden, der partnerschaftliche Hohn.
Könnten wir nur mit den Augen des anderen sehen,
die Worte mit denselben Ohren verstehen,
dann würde es schon irgendwie gehen.
Doch die Unterschiede im Sein sind so groß,
was machen wir mit dem angefangenen Leben bloß?
Wir vertragen uns artig und nehmen es heiter,
so geht das Leben immer weiter,
auch wenn Frau und Mann sich grundsätzlich missverstehen,
wird es mit unserem Planeten weitergehen,
und irgendwie kann ich diese Komplexität nicht verstehen!

GESCHLECHTERGLÜCK

Wenn man mit einem Mann glücklich werden will,
dann braucht man etwas Gefühl,
man muss ihn sehr gut verstehen,
ihn lieben und auf ihn eingehen.
Um mit einer Frau dauerhaft glücklich zu werden,
muss man sie zwar lieben,
doch darf das Ganze nicht durch Verstehen gefährden.

KOMMUNIKATION

Kommunikation, das A und O in Wort und Schrift.

Man aber leider hierbei vergisst,

dass Kommunikation zwischen den Geschlechtern unterschiedlich ist.

Frau verbindet Bedürfnisse und Gefühl,

Mann reagiert hier eher kühl.

Er will die Botschaft und den Inhalt verstehen

und problemlösungsorientiert vorgehen.

Frau will gar nicht in Problemen denken,

sondern sich einfach nur durch Sprache ablenken.

So zielen Frauen auf die Beziehungsebene ab

und halten damit jeden Mann auf Trab.

Will er doch nur ihr Problem lösen

und nicht untätig in 1000 gesprochenen Worten dösen.

Dadurch kommt es, wie es kommen muss,

Man(n) hört nicht den ersten Warnschuss.

Kommunikation ohne Konzentration in der Argumentation

mit fehlender Information führt nur zu einer unguten Situation.

KIND GEBLIEBEN

Bei der Psychoanalyse kommt es nicht so genau darauf an,
was der Therapeut so alles kann.
Bei der Weiblichkeit dauert es immer etwas länger
und alles ist in den Augen der Frauen strenger.
Doch bei der Männlichkeit hat jeder Therapeut leichtes Spiel
und kommt mit Schnelligkeit ans Ziel.
Wenn es darum geht, in die Kindheit zurückzugehen,
die meisten Männer noch mit beiden Beinen darin stehen.

111

112

ZEITMANAGEMENT

Ein Mann behauptet, er sei stets bereit,
doch die Frau weiß, er braucht seine Zeit.
So ist die Planung ein Feld, auf dem die Geschlechter stetig kämpfen
und Worte des Fluchens immer glänzen.
Eine Frau plant mit großer Pracht,
ein Mann improvisiert, hat er doch vorher nicht daran gedacht.
So leben Mann und Frau in ihrem Zeitenspiel
und werden sich gegenseitig oft zu viel!

PROBLEMLÖSUNG

Ein Mann, ein Problem, eine Lösung,
und schon ists geschehen.
Eine Frau, ein Problem und viele Möglichkeiten kommen und gehen.
Ein Mann, ein Wort,
eine Frau, ein ganzes Wörterbuch.
Sind all diese Unterschiede Segen oder Fluch?
Eine Frau kann tausend Fragen fragen,
ein Mann kann schon eine Frage nicht ertragen.
So lebe unsere Unterschiedlichkeit
und die Hoffnung, dass am Ende Verständnis übrig bleibt!

LAGERFEUERHELD

Für ein Bier,
dafür sind viele Männer hier auf dieser schönen Welt,
ist es doch das, was ihnen am BESTEN gefällt,
wenn keiner was in Frage stellt,
sondern eine Runde bestellt!
Ein Bier in der Hand und schweigend ins Lagerfeuer starren,
das höchste Glück von allen!
Losgelöst im eigenen Selbst,
befreit von allem, was nicht gefällt.
Keine, die nervige Fragen stellt,
so lebt er, der Lagerfeuerheld!

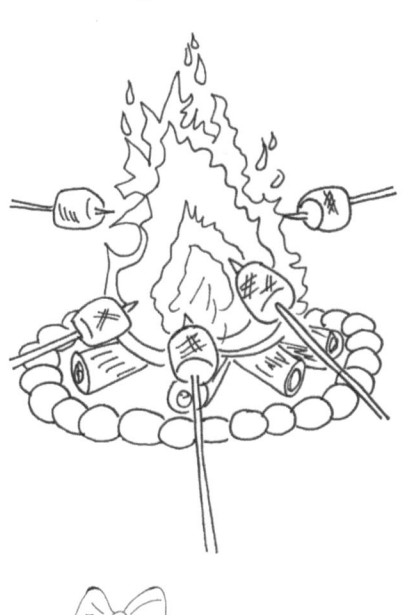

EINSTELLUNGSSACHE

Haben, als hätte man nicht ...
Das Leben leben aus einer anderen Sicht,
dann kommt das Miteinander ins Gleichgewicht.
Wenn jeder mit dem anderen höflich spricht,
mit einem Lachen im Gesicht,
steht keiner mehr gedanklich vor Gericht.

DER WELTEN VERÄNDERUNG

Und heute bastle ich mein Morgen
und mach mir einfach keine Sorgen.
Ich gucke fröhlich in den Tag
und tu, was meine Seele sagt.
So erwacht ein Lachen in mir drin
und gibt meinem Leben den schönsten Sinn.

ARSCHUNTERSCHIED

Den größten Unterschied zwischen Männern und Frauen
kann man sich in einem Satz anschauen.
Er ist kurz, klar und prägnant
und hat alle Unterschiede auf einmal benannt.
Hat man das erst einmal erkannt
steht man nie mehr vor der Wand.
Und so erlernt man den Geschlechtermarsch mit dem Satz:
„Was für ein Arsch."

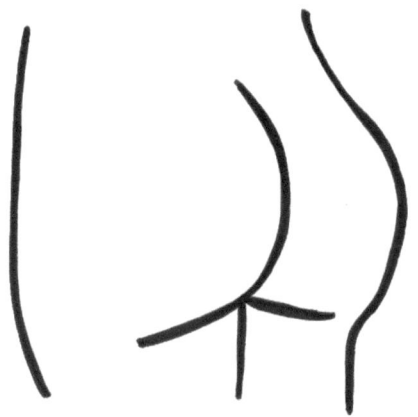

DIE CHROMOSOMEN SIND SCHULD

Die Chromosomen sind dran schuld,
deshalb haben wir miteinander so wenig Geduld.
So unterschiedlich wie schon die Chromosomen sind,
macht uns die Liebe füreinander blind.
Was wäre es so einfach, sich einzugestehen,
dass XX und XY für zwei unterschiedliche Typen von Menschen stehen.
Wenn wir dies im Kern erkennen
und liebevoll unser Anderssein benennen,
würden sich nicht mehr so viele Paare trennen,
sondern endlich mal erkennen,
dass jeder für sich ein Individuum ist
und man das leider nur zu oft vergisst.

 DU BIST ...

Du bist für mich das Gefühl von Zuhause.
Ein Päckchen Brause, das in meinem Bauchnabel eine Party feiert
und alle schlechten Gefühle verschleiert.
Mein Polarlicht in der Nacht,
der Mensch, der mir immer Freude macht.
Eine Vollmondnacht bei Sonnenfinsternis,
in der eine leuchtende Nachtwolke lacht.
Du bist das Glühwürmchen in meinem Sinn,
mitten in meinem Leben drin.
Ein Feuerwerk, direkt vorm Regenbogen,
mit Einhörnern, die in meinem Herzen toben.
Du bist der Starlink-Satellitenzug
und ich krieg nie genug.
Mein persönlicher Sonnenaufgang über den Wolken.
Träume, die niemals aufhören sollten.
Der glasklare Sternenhimmel, in dem meine Gefühle toben
und den Tag, an dem ich dich kennenlernte, für immer loben!

EIN GESCHENK

Nicht alles auf die Goldwaage legen
hilft uns, in Beziehungen zu überleben.
Nicht alles wortwörtlich nehmen
hilft uns, unsere Liebe nicht zu gefährden.
Dem anderen die freie Wahl zu lassen,
gibt einem jeden von uns das Gefühl, die Freiheit nicht zu verpassen.
So fühlen wir uns gesehen und nicht eingeengt
und sind füreinander ein Geschenk.

ERKENNTNISSE DES VIERTEN STREICHS ...

MÄNNER und Frauen, sie sind so bunt wie das Leben.

Jeder hat sein ganz eigenes Wesen zu geben.

Schreib sie nun nieder, Deine Gedanken, nur so können sie schweben und Dir selbst die Hoffnung geben auf Verbundenheit und Liebe im Leben.

. . . .

. . . .

. . . .

. . . .

. . . .

. . . .

. . . .

. . . .

. . . .

. . . .

. . . .

. . . .

. . . .

. . . .

. . . .

. . . .

. . . .
. . . .
. . . .
. . . .
. . . .
. . . .
. . . .
. . . .
. . . .
. . . .
. . . .
. . . .
. . . .
. . . .
. . . .
. . . .
. . . .
. . . .
. . . .
. . . .
. . . .
. . . .

SCHLUSSHOFFNUNG

Ich hoffe,
dieses Büchlein konnte Dir zeigen,
wie wundervoll unterschiedlich Männer und Frauen
in ihrem Wesen sind
und dass es gerade diese Unterschiede sind,
die die beiden Geschlechter auf magische Art und
Weise ergänzen.
Denn es braucht immer den Kontrast,
um das volle Spektrum erkennen zu können,
so benötigt das Männliche das Weibliche,
das Harte das Weiche, damit daraus die Wunder
des Lebens entstehen können.
Bis bald da irgendwo in diesem Wunder,
das sich Leben und Lieben nennt.

Wundertütenpoet

Besuche mich auf

www.wundertuetenpoet.de